Miracle Happy Bibliomancy

宇宙から「答え」をもらう☆シンボリック占い

Nami Yoshikawa
佳川奈未

青春出版社

本書の使い方

使い方は、いたって、かんたん♪
「答えをください」と、心で唱えて、
パッと、好きなページをひらくだけ！

気になることがあるとき、
悩んでいるとき、
ヒントや答えがほしいとき、
なにか「いい言葉」がほしいとき、
ラフな気持ちでご活用ください。

そこにある
「シンボリック・サイン」という、
象徴や現象こそ、
宇宙があなたに伝えたいことであり、
"大切なメッセージ"となります！

きっと、いまのあなたにぴったりなもの、
必要としていた言葉、
ハッと目覚める"気づきのサイン"が
あることでしょう！

ハッピーフローな「まえがき」

宇宙という"目に見えない世界"からのメッセージの秘密

…それは、いつもあなたに寄り添い、見守っている！…

それがどんなものであれ、
あなたの目の前に現れる象徴や現象には、
「形と意味」「流れと意図」があります。

それはたいがい、
あなたの内面と密接にリンクしており、
「幸せな人生の物語」のクライマックスへと
つながっているものです！

それゆえ、
宇宙から「答え」をもらったそのあとは、
日常に起きる変化を
興味深くみていてくださいね。

さて、本書には、
あなたを幸せに導く神秘と感動が
たくさん散りばめられています。
その神秘と感動を
リアルに役立てていただきたいのはもちろんのこと、
ほのぼのと、癒されながら、お楽しみいただきたいと、
今回はわたくし佳川奈未本人が
すべてのイラストを描きました。
そういった点も、ちょっとおもしろがっていただけると
幸いです♪

ミラクルハッピー　佳川奈未

宇宙から「答え」をもらうシンボリック占い **Contents**

本書の使い方	3
ハッピーフローな「まえがき」	4
Symbolic sign 1　呼び鈴	16
Symbolic sign 2　執事	18
Symbolic sign 3　カフェ	20
Symbolic sign 4　ピンクの自転車	22
Symbolic sign 5　虫めがね	24
Symbolic sign 6　コーヒーポット	26
Symbolic sign 7　映画館	28
Symbolic sign 8　バスローブ	30
Symbolic sign 9　黄色い猿	32
Symbolic sign 10　たんぽぽ	34
Symbolic sign 11　レインボー	36
Symbolic sign 12　黄金虫	38
Symbolic sign 13　ガラスの靴	40
Symbolic sign 14　メトロノーム	42
Symbolic sign 15　オセロ	44
Symbolic sign 16　天使の羽	46

Symbolic sign 17	新しい洋服	48
Symbolic sign 18	スニーカー	50
Symbolic sign 19	黄色い蝶々	52
Symbolic sign 20	種	54
Symbolic sign 21	サイコロ	56
Symbolic sign 22	赤いスポーツカー	58
Symbolic sign 23	ダンベル	60
Symbolic sign 24	パンダ	62
Symbolic sign 25	公園	64
Symbolic sign 26	噴水	66
Symbolic sign 27	てんとう虫	68
Symbolic sign 28	Gift Box	70
Symbolic sign 29	青い鳥	72
Symbolic sign 30	バク	74
Symbolic sign 31	旅行鞄	76
Symbolic sign 32	目覚まし時計	78
Symbolic sign 33	リング	80
Symbolic sign 34	龍神	82
Symbolic sign 35	図書館	84
Symbolic sign 36	Book	86

Symbolic sign 37	ペン	88
Symbolic sign 38	黄金の太陽	90
Symbolic sign 39	ぺろぺろキャンディ	92
Symbolic sign 40	オレンジの巾着	94
Symbolic sign 41	革財布	96
Symbolic sign 42	不動明王	98
Symbolic sign 43	ナンバー777	100
Symbolic sign 44	シャンパングラス	102
Symbolic sign 45	コンビニ	104
Symbolic sign 46	どしゃぶりの雨	106
Symbolic sign 47	聖なる剣	108
Symbolic sign 48	かぼちゃ	110
Symbolic sign 49	ピンクの象	112
Symbolic sign 50	シンクロニシティ	114
Symbolic sign 51	ヨット	116
Symbolic sign 52	飛行機	118
Symbolic sign 53	青空	120
Symbolic sign 54	クッション	122
Symbolic sign 55	ソファ	124
Symbolic sign 56	マントルピース	126

Symbolic sign 57	ベッド	128
Symbolic sign 58	馬蹄	130
Symbolic sign 59	ダイヤモンド	132
Symbolic sign 60	ティアラ	134
Symbolic sign 61	クロス	136
Symbolic sign 62	リボン	138
Symbolic sign 63	うさぎ	140
Symbolic sign 64	薔薇（バラ）	142
Symbolic sign 65	シャンデリア	144
Symbolic sign 66	携帯電話	146
Symbolic sign 67	ワイングラス	148
Symbolic sign 68	ひょうたん	150
Symbolic sign 69	トランプ	152
Symbolic sign 70	緑の壺	154
Symbolic sign 71	ピンクの封筒	156
Symbolic sign 72	鍵付き日記	158
Symbolic sign 73	コイン	160
Symbolic sign 74	キスする小鳥	162
Symbolic sign 75	雪の結晶	164
Symbolic sign 76	杖	166

Symbolic sign 77	ブルーの瓶	168
Symbolic sign 78	ホットケーキ	170
Symbolic sign 79	真珠	172
Symbolic sign 80	綿あめ	174
Symbolic sign 81	ピアノ	176
Symbolic sign 82	電話	178
Symbolic sign 83	山	180
Symbolic sign 84	川	182
Symbolic sign 85	海	184
Symbolic sign 86	神社	186
Symbolic sign 87	キンモクセイ	188
Symbolic sign 88	四葉のクローバー	190
Symbolic sign 89	太極図	192
Symbolic sign 90	お地蔵さま	194
Symbolic sign 91	くまのぬいぐるみ	196
Symbolic sign 92	箱船	198
Symbolic sign 93	ケセランパサラン	200
Symbolic sign 94	井戸	202
Symbolic sign 95	バケツ	204
Symbolic sign 96	クラウン	206

Symbolic sign 97	馬車	208
Symbolic sign 98	バースデーケーキ	210
Symbolic sign 99	ストップウォッチ	212
Symbolic sign 100	ハート	214
Symbolic sign 101	鍵	216
Symbolic sign 102	ブタの貯金箱	218
Symbolic sign 103	風船	220
Symbolic sign 104	空き缶	222
Symbolic sign 105	駒	224
Symbolic sign 106	六芒星	226
Symbolic sign 107	魔法のランプ	228
Symbolic sign 108	シーソー	230
Symbolic sign 109	一番星	232
Symbolic sign 110	ヘッドフォン	234
Symbolic sign 111	子猫	236
Symbolic sign 112	鈴	238
Symbolic sign 113	カエル	240
Symbolic sign 114	コンパクト・ミラー	242
Symbolic sign 115	オレンジ	244
Symbolic sign 116	ロケット	246

Symbolic sign 117	ピラミッド	248
Symbolic sign 118	メロン	250
Symbolic sign 119	ひまわり	252
Symbolic sign 120	花束	254
Symbolic sign 121	トマト	256
Symbolic sign 122	宝石箱	258
Symbolic sign 123	隕石	260
Symbolic sign 124	つばめの巣	262
Symbolic sign 125	桃	264
Symbolic sign 126	巾着袋	266
Symbolic sign 127	タクシー	268
Symbolic sign 128	つくし	270
Symbolic sign 129	望遠鏡	272
Symbolic sign 130	ものさし	274
Symbolic sign 131	サン・キャッチャー	276
Symbolic sign 132	ぶらんこ	278
Symbolic sign 133	桜	280
Symbolic sign 134	黄金の卵	282
Symbolic sign 135	傘	284
Symbolic sign 136	バス停	286

Symbolic sign 137	カメラ	288
Symbolic sign 138	リュック	290
Symbolic sign 139	竹	292
Symbolic sign 140	ほうき	294
Symbolic sign 141	ハンドバッグ	296
Symbolic sign 142	ドレッサー	298
Symbolic sign 143	着物	300
Symbolic sign 144	ブレスレット	302
Symbolic sign 145	エレベーター	304
Symbolic sign 146	マイク	306
Symbolic sign 147	塔	308
Symbolic sign 148	ゲート	310
Symbolic sign 149	組み紐	312
Symbolic sign 150	パワーストーン	314
Symbolic sign Special	階段	316

感謝をこめた「あとがき」 318

本文イラスト　佳川奈未
本文デザイン　岡崎理恵
カバー画像　　Trymyr／shutterstock.com

Meet in the mystery
of
the symbolic sign

Symbolic sign 1

呼び鈴

しっかり宇宙を呼び出してください！
決して怯(ひる)んだり、
弱々しく望んだりしないでください。
心の音量を上げ、
ほしいもの・叶えたいこと・会いたい人を、
明るく、はっきり告げるのです！

そして、すでに受け取った気になって、
楽しみに待っていてください。
やきもきせずとも、
望むものは、必ず、やってきますから♪

Symbolic sign 2

執事

贅沢に願いが叶うチャンス到来!!
「すべてはお安い御用です!」と、
まるで「執事」が、なんでも、
言うことを聞いてくれるかのごとく、
申し分のない形で、それは叶います!

ただし、あせりは禁物です。
「執事」は、ていねいに仕事をするからです。

「時間」と「心」に"余裕"を持つことがポイント!
あなたがすべきことは、もはや、それだけ♪

Symbolic sign 3

カフェ

ふらっと立ち寄ったカフェで、
何気なく耳に入ってくる隣の人の会話や、
ふと手にして開いた雑誌、
流れてくる音楽や歌の歌詞に、
良い答えやヒントがあるでしょう！

心配するのをやめ、くつろいでいるうちに、
何かが突如(とつじょ)、解決しそうです。
"明るい兆(きざ)し"がみえますよ♪

Symbolic sign 4

ピンクの自転車

いまここで、もんもんと悩んでいるのは、
時間の無駄です。
ささいなことからでもいいので、
思いつくことに、着手してみましょう！
ただし、自分の心と体の
バランスをみながら、どうぞ♪
あなたがそれを楽しみ、ルンルン前に進むとき、
現状もおもしろいほど動きだし、
「いい結果」に導かれます！
少しでも抵抗を感じることはしなくていい。

Symbolic sign 5
虫めがね

誰に、何を聞いても、
いまは納得できないことでしょう。
というのも、はなから、
"どうしたいのか" その答えは、
あなたの中に、最初からあるからです。
その本心によくよく注目してください。
それです、それ！
虫めがねで見ているものを拡大するよう、
心をはっきり見るだけで、決心がつき、
そこから何かが動きだすでしょう！

Symbolic sign 6

コーヒーポット

ここは、いったん落ち着きましょう。
あせったところで、どうにもなりません。
お茶を飲んで待っているくらいの余裕が
いまのあなたには必要です。
その時間に、
心と体とアイデアもしっかりあたためましょう。
すると、そのあと、余裕の境地で
物事をうまく動かせます!

Symbolic sign 7

映画館

目の前の現実というスクリーンに
映し出されているものをよく見てください。
まわりで起こっていることや、
他者が交わしている会話は、
あなたへの忠告やアドバイスにも
なっていることがあるものです。
神様は、とても親切で、
あなたが困らなくてもいいようにと、
あらかじめ、同じような事情を抱えている人を
あなたに見せ、学ばせてくれるのです。

……誰を、何を、参考にしますか?
そこが重要!

Symbolic sign 8

バスローブ

リラックスの効能というのがあります。
ここらでいったん、
身も心もゆるめましょう。
ゆるむほど、なぜか、心は満たされ、
エネルギーが自分の中に戻ってくるのを
感じられることでしょう。

そして、ゆるむとき、最も、
宇宙があなたに介入しやすくなり、
「いいこと」も起こりやすくなるものです♪

Symbolic sign 9

黄色い猿

ギャーギャーと騒ぎたててはいけません。
「どうしよう！　どうしよう！」
「困った！　困った！」と騒ぐほど、
自分で問題を大きくするだけです。
落ち着いて静かにしてみてください。
そもそも、たいしたことのない話です。
あなたがおおごとにとらえていただけ
かもしれません。
まもなく、解決しますので、ご安心を。

Symbolic sign 10

たんぽぽ

自然体でいてください。
それが幸運のカギです！
ナチュラルであることが、
あなたの良さを引き立て、
あなたの運を引き上げます！

そのとき、自然に協力者も現れ、
軽やかに物事が動き出し、
まわりのみんなが笑顔になれます♪

Symbolic sign 11
レインボー

虹は、いつでも、
雨上がりの空に現れる！
悩み、落ち込み、泣いていたことが、
まるで嘘であるかのように、
すべてがすっきりした状態に！
そして、
ここから、幸せな奇跡が起こる予感♪

Symbolic sign 12

黄金虫

「運気好転」のサインです!!
うれしい出来事が訪れるでしょう!

あなたの望んでいることが、
タイミングよく起こり、すべてが好都合に運びます!
宇宙はここから、
よろこんでエスコートすべく、
黄金虫のように、静かに、
でもインパクトを持って
あなたの前に現れ、
このページをひらかせたのです!
そう、"奇跡の前兆"を告げるべく♪

Symbolic sign 13

ガラスの靴

探していたものが見つかります！
待っていたものがやってきます！
会いたかった人にもやっと会えます！

あなたが恋い焦がれ、求めるものは、
それ自体も、あなたを求めていたのです！
あなたとあなたの求めるものは、
ようやく、この現実の時の中で、
ぴったりと一致する瞬間を迎えます！
あなたの"希望"が
「あなた」と「求めるもの」を
結びつけたのです！

Symbolic sign 14

メトロノーム

物事は、順調に流れています!

この心地よい宇宙のリズムと
同調し続けられるよう、
楽しんで、おもしろがって、
ことの流れを見守っていてください。
たぶん、そのことは、
もっと「いい感じ」になりますよ♪

Symbolic sign 15

オセロ

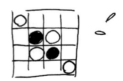

油断は禁物です。
まわりの状況をよく見ていてください。
そう、冷静に！
そうすれば、変化の"兆し"にもちゃんと気づけ、
ぬかりなく必要な対処ができるでしょう。
そして、そのおかげで
あなたのテリトリーは
しっかり守られ
安泰です！

Symbolic sign 16

天使の羽

大いなる光と聖なる存在の
愛と守護で包まれています！
なにも心配いりません。
すべてのことは、大丈夫！
宇宙という強いみかたがいる限り、
安泰（あんたい）です！
おだやかに、ほほえんで、
ことにあたれば、それでいい。

Symbolic sign 17

新しい洋服

「イメージチェンジ」が幸運のカギ！
新しい心、新しい洋服、
新しいムード、
新しいオーラをまとうこと！
そして、誠実に人や物事とかかわってください。
イメージチェンジしたあなたを
好意的に見てくれている人がいるはず。
その人たちによって、
新たな世界へと、
さらなる高みへと導かれることでしょう。

Symbolic sign 18

スニーカー

足元を軽やかにしてください。

心を軽やかにしてください。

その身とムードを軽くしてください。

あなたが軽やかになるほど波動が上がり、

物事も軽やかに動き出します。

そう、あなたの思う方向へと！

Symbolic sign 19
黄色い蝶々

リッチ＆ハッピー＆ミラクルの前兆！！
幸運の女神、豊潤の神のおつかいが現れました。
まもなく、
うれしい知らせがあるでしょう！

直感力をみかたに
好奇心を持って、おもしろがって、
興味ある世界に羽ばたいてください！
それだけで、やることなすことうまくいく！！
大幸運に恵まれる！！
財運、金運が押し寄せる！！

Symbolic sign 20

種

ちゃんと「花は咲く」、
やった「結果は出る」というサインです！
だから、心配だ心配だ！　と、
気をもむのをやめなさい。

かわりに、あなたの手中にある
何かしらのアイデアの種、才能の種、
運の種、成功の種を
思いきり世界に向けて蒔き、
根気よく育んでください。
そうすれば、理想以上の
"大輪の花"が咲くでしょう！

Symbolic sign 21

サイコロ

どう転んでも、「吉」！
どの程度の大きさの「吉」になるのかは、
あなたの手中にあります！
いまこそ、やりたいと思っていたことを
やるときです！
ひとつひとつ、
「叶って、うれしい順」に、どうぞ♪

Symbolic sign 22
赤いスポーツカー

もたもたしていてはいけません。
いまは、積極的にいくときです。
それに着手するスピードが重要！

幸運は早いものに乗ってやってくる！
それが宇宙の法則です。

思い切って、着手したなら、
スピードあげて、
ゴールに向けて一気にGO♪
あなたが勝者になるでしょう！

Symbolic sign 23

ダンベル

荷が重いと思うなら、
無理にやる必要はありません。
それではなく、
あなたにぴったりな、
もっとふさわしいものがある
という証拠です。
心と体が軽やかに動くものに
向かうこと！
「体」は、心より正直です。

Symbolic sign 24

パンダ

この際、白・黒、はっきりさせましょう！
そのことを抱えているせいで、
もんもんとして
何も手につかないという状態は
しんどいだけです。
怖がらずに、決断すれば、
スッキリ解決！
晴れやかな気持ちを取り戻せます。

Symbolic sign 25

公園

ときには、子どものように
無邪気に、はしゃいでみるといいでしょう。

ピュアな気持ちを取り戻し、
無邪気な自分になれるとき、
むしろ、あなたの良さは光り、
良いエネルギーに満たされます。

そのとき、人に好かれ、宇宙に好かれ、
どこからでも必要なサポートと幸運が
やってくるもの♪

Symbolic sign 26

噴水

自分をおさえすぎて、
エネルギーを枯渇させて、
ちょろちょろとした
止まりかけの水のようになってはいけません。
公園の中央で、大胆に噴き上げて
みんなを注目させる噴水のように
あなたらしさをめいっぱい
出してみてください。
そうすれば、あなたの可能性も
勢いよく世の中に、噴き上げられることでしょう！

Symbolic sign 27

てんとう虫

「予期せぬ幸運」が、舞い込むサイン！
しかし、それは、あまりにも
ふつうの顔をしてやってくるので、
それとは気づきにくいかもしれません。

それゆえ、日常で、出逢う人、行く場所、
手にするもの、起こる出来事を、
よく観察してみてください。
キラッと光るもの、感動的なこと、
ハッとするもの、心に残るものがあるはず！
それを見逃さず、つかまえてください。

Symbolic sign 28

Gift Box

ふたを開けてみないと、
いまはなんとも言えません。
しかし、どちらにしても、
悪いようにはなりません。むしろ、
「ああ、よかった」と安堵する結果になるでしょう。
目の前にあるもののふたを開けるかどうかは、
あなたの気持ちひとつにかかっています。
……怖いですか？
いや、それは興味深いものであり、
意外と良いものですよ♪

Symbolic sign 29

青い鳥

心の中に"幸せ"のエネルギーを
増やす必要があるというサインです。
どんなささいなことでもいいから、
いまの日常にある幸せを
しっかり感じとってみてください。
探す必要は、ありません。
それは、遠くではなく、
いつも、あなたのそばにあります。
それをほほえましく見たり、
よろこばしく称(たた)えるだけで、
よかったりします。
そのとき、そのエネルギーが外側にあふれ、
幸せな出来事を
実際に惹き寄せます♪

Symbolic sign 30

バク

もっと自分の夢に
貪欲(どんよく)になってもいいのです。
あなたがその夢や願いを
叶えたいと思うのは、
そうすることで、自分が
幸せになれるとわかっているからです。
夢はあなたを裏切りません。
あなたの魂から、くるものだからです！
……誰に遠慮がいりましょう。

Symbolic sign 31

旅行鞄

最小限のものだけ備えて、
身軽に動いてください。
軽やかでいることが、
ここからうまくいくコツです！

新たな場所に行こうというとき、
これから人生の旅に出ようというとき、
重い荷物を持ったままでは
動きにくく、疲れるだけです。
……しかも、そのとき、
どれほど遠くへ行けましょう。

Symbolic sign 32

目覚まし時計

「目覚めのとき」が来ました！
心に、もう、うそはつけません。
何も、ごまかしたままではいられません。
両目をひらいて、心眼ひらいて、
しっかり現実を受け止めたら、
そこにあるものの価値にも気づけるでしょう。
目覚めのとき、人は、
気づきと成長とともに
新たな次元へとシフトするもの！

Symbolic sign 33

リング

幸せな未来が「約束」されています！
自分との絆を強め、
大切な人や仲間との絆を強め、
夢や志と絆を強め、
「永遠の幸福」に
入っていきましょう。

いま、あなたのすべてに
神の祝福が降り注いでいます！

Symbolic sign 34

龍神

「運気上昇」のサインです！
「金運」、「財運」、「仕事運」も「出世運」も上がり、
人生が、大きく飛躍します！
いまの状況に感謝しながら謙虚に、
でも、ある意味、大胆に、
よろこんでさらに前進するべし！
ここから、すべてはうまくいく！

Symbolic sign 35

図書館

時間と労力を惜しまず、
調べるべきことは、調べつくしてください。

無知でいてはいけません。
おっくうがってはいけません。
つかみたい「結果」があるのなら！

Symbolic sign 36

Book

あなたの家の本棚にある
何年か前に買った
"お気に入りの本"を、
ちょっと開いてみてください。
そこに、重要な「キーワード」があるはずです。
それは、何気ない言葉かもしれないし、
ハッとするものかもしれないし、
ある意味、心に痛いものかもしれません。
しかし、その言葉が、
あなたにとっての真実を伝えるものとなります！

Symbolic sign 37

ペン

ノートとペンをいつもそばに!!
気になることは、どんなにささいなことでも
書き留める習慣を。
それによって、
「ここから、どうすればいいのか」という
アイデアや解決策を生み出す
きっかけになるでしょう。
しかも、書くことで、心が整い、思いを視覚化でき、
ビジョンも具現化しやすくなるもの!

Symbolic sign 38

黄金の太陽

宇宙があなたの頭上を照らしています！
大いなる可能性とチャンスと奇跡があるのだと
伝えてくれています！
宇宙があなたを守っている限り、
なにを恐れることがありましょう。
そのことは、まったく大丈夫です。
心のままに進んでOK！

Symbolic sign 39

ぺろぺろキャンディ

うれしいこと、楽しいこと、ハッピーなことが
ここから、たくさん続きます！
SWEET な夢をみて、
自分をもっと盛り上げて OK!
「おいしい結果」が待っていますよ♪

Symbolic sign 40

オレンジの巾着

いまそばにあるものを
大切にしてください。
あなたの心を豊かに満たしてください。
そこから、価値ある良きものが、
どんどんあなたのもとに届きます！
お金や富も、いやというほど押し寄せます！
しっかり受け取るためにも、
自分の器を大きくしておいてください。

Symbolic sign 41

革財布

「価値あるもの」を
惜しまず自分に与えてください。
そして、ライフスタイルを美しく整え、
ステイタスをワンランク上のものに!
それだけで、
誇らしげになり、実際、あなたは
より理想に近づき、
レベルアップした自分に
なっていくことでしょう!

Symbolic sign 42

不動明王

決して、ぶれてはいけません!
ゆるがぬ思いこそ、
物事を成就させる
魔法のエネルギーとなるのです!
ちょっと誰かに何かを言われたからといって、
いちいち揺れていてどうする!?
不動心あってこそ、
あなたのすべては叶うのです!

Symbolic sign 43

ナンバー777

あなたの人生に奇跡を起こすべく、
宇宙が介入を始めたサインです！
シンクロニシティや惹き寄せなど、
不思議なことが起こり、
やることなすこと、うまくいく予感♪

好きなことをして、わくわくし、
楽しみながら、よろこびながら、
日常を過ごすことを優先させましょう！

そんな、心の状態と運の流れが
いまのあなたを
とびきり"ツイてる人"にしてくれます！

Symbolic sign 44

シャンパングラス

自分を信じて、
自分のやり方で、
ことにあたって、よし。
ほかの人とは違う
オリジナルな世界観が
"成功のカギ"です！

今夜は、
がんばる自分、輝く自分に乾杯♪
前祝いで結果を先取りしよう！

Symbolic sign 45

コンビニ

その気にさえなれば、
目的地には、いつでも行けます。
しかも、ラフな感覚で、
日常的に！
おおげさに感じる必要はありません。
いつものあなたのままで、
ふつうにそこに向かってみてください。
「あらら」というくらい、軽くイケます！

Symbolic sign 46
どしゃぶりの雨

泣きたいときは、泣いていい。
そんな"お告げ"もあるのです。
どしゃ降りの雨は、あなたの心の涙。
それは、すべての痛みと辛さと余計なものを
すっかり洗い流してくれるでしょう。
泣いたあと、目の前に、
美しい虹がかかることは、明らかです！
……がんばったよね、ひとりで。
今日の日に、Good Luck ♪

Symbolic sign 47

聖なる剣

あなたが明るく前に進むのを
阻(はば)むものたちを
バッサリ「断ち切る」時期だと
宇宙は伝えています。

いまだある何かしらへの
みれんや執着、
不平不満、嫉妬や怒り、
不安や恐れ、ネガティブ思考、
自己否定や自己憐憫(れんびん)は、
あなたを苦しめるだけで、助けてはくれません。

よけいなものを断ち切った瞬間、
新たな世界が目の前に現れる!
そういう啓示です。

Symbolic sign 48

かぼちゃ

なんでも外見や、うわべだけで
判断しないようにしましょう。
"賢い人"は外側の体裁だけに
惑わされてはいけません。
"なかみ"を観るものです。

本質を知ったら、
だまされることも、誤ることもないでしょう。
そのとき、見る目が養われ、
自分をあざむくものなどなくなり、
すべてが正されます！

Symbolic sign 49

ピンクの象

思いもよらなかった
「幸運」と「恩恵」を手にするでしょう!

ミラクルハッピーな現象も
ここからどんどん起こります!
"受け取るもの"は良いものであるだけでなく、
かなり大きくて、素晴らしい宝物です!

Symbolic sign 50

シンクロニシティ

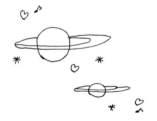

あなたの心と宇宙はつながっています！
それゆえ、その想いを大切にしてください。
あなたの想いが、純粋であるほど、
それを惹き寄せるパワーが強まります！
そして、いったんひとつ何かを惹き寄せると、
あとに続く幸運は、
自動的に連鎖してやってきます！

Symbolic sign 51

ヨット

爽やかでおだやかな、
安定した運気が訪れました。
海は静かに、キラキラ輝き、
あなたを乗せたヨットを心地よく揺らし、
しばし、
安堵(あんど)を楽しみなさいというでしょう。
ゆったりとしたこのおだやかさは、
あなたを次のステージに連れて行くための
休憩時間になっているようです。
しばし、この状態をお楽しみください。

Symbolic sign 52

飛行機

着きたい場所があるのなら、
しっかり方向を見極め、
そこに向かって自発的に進みだし、
徐々にスピードをあげること!
もうこれ以上、早く走れないというくらい
スピードと勢いがついたとき、
あなたは自然に、大空を飛んでいるでしょう!

とにかく、「決めた方向」に
あなたが正しく向かっている限り、
目的地へは、自動的にたどり着けます!
快適なフライトを約束されながら♪

Symbolic sign 53
青空

ささいなことで心を曇らせ、
自分をかげらせてはいけません！
晴れやかな心を取り戻すのです！

あなたの願いは間違いなく叶いますから、
青空のように澄んだ気持ちでいてください。
そして、「あぁ、よかった」と安堵すること。
感謝が叶う時期を早めてくれます♪
いま、ここで、先に、
「ありがとう」と感謝の言葉を♪
その行為が、叶う時期を早めてくれます。

Symbolic sign 54

クッション

そのことに、直接的に関与するより、
できれば、
ワン・クッション置くのがいいでしょう。
誰かに間に入ってもらうのも、ありです。
ただし、
誠実で、人あたりがソフトで、
あなたのためを思い、親身になってくれる人を。

Symbolic sign 55

ソファ

ここらで、いったん、休息しましょう。
ソファに深く腰掛け、
身も心も投げ出すのです。
完全に自分をくつろがせると、
"最善の策"は、ふと、思い浮かぶものです。
どのみち、やすらいだ、余裕のある心でしか、
なにも良い形にできないでしょうから。

Symbolic sign 56

マントルピース

あなたの心をあたため、体をあたため、
魂の愛をあたためてください。
冷え切った心と体を抱えていては、
誰をも、何をも、自分をも、
優しく思いやれないでしょう。
自分の中にあたたかいものが戻るとき、
人生にもあたたかいものが戻り、
優しいものを差し出してくれます。

Symbolic sign 57

ベッド

今夜のテーマは
早めにベッドに入って、
ぐっすり眠ること♪
すやすや眠っている間に、
あなたの潜在意識は宇宙に出かけ、
願いや夢を叶えるために
すべてを整えてくれます。
……翌朝が楽しみですよ♪

Symbolic sign 58

馬蹄

「勝利」「幸運」「強運」のサインです！
やることなすこと、うまくいきます！
思い切って、大胆に、
あなたの活躍をまわりの誰もが
注目することになります。
そうして、そこから、
" 新たなチャンス " も自然にやってきます！

Symbolic sign 59
ダイヤモンド

決して傷つかない！
決して輝きを失わない！
決して誰にも負けない！
ダイヤモンドのその性質を忘れないでください。
というのも、
いまのあなたにこそ、
そうあってほしいからです。
そうすれば、
あなたの人生は絶対に、
誇らしいもの、輝かしいもの、
最高最良のものになるのですから！

Symbolic sign 60

ティアラ

いつも、
気高くありなさい。
自分らしくありなさい。
そして、優雅にふるまいなさい!
そのとき、
誰もがあなたの「真価」に気づきます。
そして、宇宙が、
もっと、あなたにふさわしい良いものを
たくさん、たくさんもたらしてくれます!

Symbolic sign 61

クロス

信じる気持ちが大切です。
というのも、
結局、信じたことはその通りになり、
あなたを大きく助けることになるからです！
決して自分の可能性を疑ってはいけません。
宇宙のやり方を疑ってはいけません。
それは必ず、なされます！

Symbolic sign 62

リボン

そのことに、その人に、その場所に、
「ご縁がある」というサインです！
何度ほどけても、
リボンをそのつど結び直せば、
なにも問題ありません。
あなたと相手の心は、
再び結びつくでしょう。

"見えない絆"があるようです。

Symbolic sign 63

うさぎ

「飛躍の時」がきました！
持てる力を出し切り、
一気にジャンプしてください。
実力と才能、ビジネスチャンスにも恵まれ、
言うことなし！
運気上昇！　飛躍成功！
ここから、大活躍が望めます！

Symbolic sign 64
薔薇
バラ

"薔薇の花束"もしくは、
あなたの好きな可憐な花を一輪
お部屋に飾るといいでしょう。
花の"聖なるエネルギー"が、
あなたの心を華やがせ、かつ、
気高い魂を引き出してくれます。
そのオーラが、
あなたをランクアップさせる、
すべての善きものを惹き寄せてくれます！

Symbolic sign 65

シャンデリア

光を取り入れ、
魂のパワーを高めてください。
自分の居場所をいつも明るくし、
キラキラ輝くものにして！
まぶしい光が、
あなたの瞳をとらえ、心をとらえ、
魂のパワーを高めるとき、
おのずと「いい発想」にも導かれ、
輝く未来をすんなり叶えられるもの♪

Symbolic sign 66

携帯電話

連絡したいと思うなら、
連絡してみてください。
メールでも、LINE でも、電話でも、
たいそうな手段も口実も必要ありません。
素直な気持ちがいちばんです。
そこから、何かが始まります！
ステキな流れがやってきます！

Symbolic sign 67

ワイングラス

“歓喜の宴”の用意ができました！
これまでやってきたことが認められ、
良い成果を出し、
すべてがハッピーエンドになるでしょう！
よろこばしいこと、うれしいこと、
ありがたいこと、幸せなことが、
あらゆる領域から
あなためがけてやってきます！

Symbolic sign 68

ひょうたん

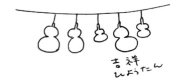

心願成就!! 幸運到来!!
宇宙からの強い力が働いて、
あなたのすべてをサポートしています!
あなたは無敵の状態で、
怖いものは何ひとつありません。
思うままに進んで吉!

待ちに待った「幸せな人生」が
やってきます!

Symbolic sign 69
トランプ

必要なカードは
手元にすべてそろっています！
運命の支配者は、あなたです。
好きなようにカードを切り、
思うようにカードを並べ、
目の前に展開した現実を
おもしろがってみてください。
何か、すごいことになりますよ！！

Symbolic sign 70

緑の壺

「家宝の壺」が出ました！！
大きな"財運"に恵まれるサインです。
過去において
あなたが大切にしてきたことが、
価値あるものを
あなたに返してくれるということです！
これまでやってきたことは
無駄ではなかったのです。
ここから差し出される良きものを
どうぞ遠慮なく受け取ってください♪

Symbolic sign 71

ピンクの封筒

ピンク色のＡ4用紙に、願いごとを書き、
それをピンクの封筒に入れ、
しっかりノリで封をし、
机かドレッサーの引き出しに入れてください。
やがて、不思議なことが起こり、
うれしい形ですべてが叶います！
あなたの書いたものが、
「実在する世界」へとあなたを誘う
この魔法のアクションです！
あなたの"決心"が
なにより重要だとも、伝えています。

Symbolic sign 72

鍵付き日記

「シークレット」にやるのが、吉!
あなたの胸の内に秘めている願いは、
いまは、まだ、
誰にも話してはいけません。
むやみに、他人に漏らそうものなら、
大切な何かが失われます。
それは、成就のエネルギー。
秘密にしていてこそ、成就の魔法は働きます!

Symbolic sign 73

コイン

どんなものにも裏と表があるものです。
そのことに注意してください。
どちらが出たとしても、
たいした問題ではありません。
うすうすあなたも何かを察知していたはずです。
ならば、あとは、
あなたがどうするかを決めればいいだけです。
もはや、まわりの意見も必要ありません。
自分の見解を大切に！

Symbolic sign 74

キスする小鳥

「愛」「平和」「調和」のサインです!
条件的な何かではなく、
仲良くすることで、すべてがうまくいきます。

あなたの素直な思い、
優しい言葉、思いやりある態度が
相手の心をひらかせ、
かかわるすべてを
最善の状態にしていきます。

Symbolic sign 75

雪の結晶

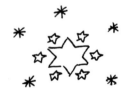

冷たく、辛く、
さみしい想いをしてきたことのすべてが
いまようやく報われます！
よく、ここまできましたね。
よく、ひとり耐えてきましたね。
神がほほえみ、手を差しのべ、
あなたを救いに来たのです！

あなたの望む世界が現れます！
ここからが、
あなたの本領発揮のとき！

Symbolic sign 76

杖

きっとここから、もっとよくなる！
そう信じる心に、
魔法が働きます。
疑うことなかれ、恐れることなかれ！
明るい気持ちで希望を持つなら、
どんなことも可能となります！

Symbolic sign 77

ブルーの瓶

「ヒーリング・タイム」です。
ふさぐのではなく、癒してください。
自分を、この状況を！

大きな怒りは、深い悲しみ。
深い悲しみは、強い痛み。
強い痛みは、計りしれない魂のショック。
それを理解し、そっと自分をケアすれば、
すべては緩和し、癒される…。
そして、癒されると
再び人は
前に進めるようになるのです。

Symbolic sign 78

ホットケーキ

ふくらみ、形になるには、
時間がかかることもあるものです。
ここは、"時間の問題"といったところでしょう。
しばらく、様子を見てください。
そのうち、
「おいしい結果」がやってきますから♪

Symbolic sign 79

真珠

幸い、すべてを乗り越えたあなたに
人も運も天もみかたするときです！
生みの苦しみを経験した者だけが、
尊い"本物の光"を放つことになるのです。
苦しんだ分だけ、
ちゃんと、
報われるようになっています！
「私は、よくやった」と
いまこそ自分をほめてやりましょう。

Symbolic sign 80

綿あめ

なんとなく、の感覚も大切でしょう。
はっきりとした
明確なものだけを
求めようとしないでください。
ふわふわのゆるゆるでも、
「いいかも」と思う感覚が、
あってもいいのです。

Symbolic sign 81

ピアノ

耳を澄ませて、
そこにある音と気配を感じてください。
どんな音が聴こえますか?
どんな気配がしますか?
それは調和している感覚ですか?
そうではなさそうですか?
それとも不調和なものですか?
あなたが「心地良い」なら、調和している証拠。
かかわってOK!
「心地悪い」なら、不調和な証拠。
かかわるのはNG! ろくなことがありません。
これで判断はつくことでしょう!

Symbolic sign 82

電話

話すことで、わかりあえるでしょう。
言葉を惜しまず、
優しさを惜しまず、
時間を惜しまず、
それに向き合う気持ちがあれば、
大切なものが通じます！
あとはすべて、「吉」と出る！

Symbolic sign 83

「静観のとき」です。
いまは、
自分から動くときではありません。
しばし、様子を見守り、
静かにしていたほうがいいでしょう。
そのうち、向こうからやってくるか、
何か変化が起こるでしょう。
あなたが動くのは、それからでもいいのです。

Symbolic sign 84

川

流れに乗ることも、
ありかもしれません。
むしろ、いまは、
抵抗するより、
流れに身をまかせたほうが
得策といえるでしょう。

Symbolic sign 85

海

小さな一滴が
川になり、
やがて大海にたどりつくように、
あなたの小さな努力が、
道と流れをつくり、
大きな成果を手に入れます！

Symbolic sign 86

神社

ありがたみを感じることです。
感謝を忘れないことです。
尊いものに手を合わせる
謙虚な気持ちがあれば、
あとはすべて、
祈った通りの、
「いい結果」が与えられるでしょう。

Symbolic sign 87

キンモクセイ

あなたのまわりにほのかに漂う、
せつないその香りを、気配を、
しっかり感じとってください。
それは、大自然があなたに、
"ここから始まる幸運"を、
無言で、伝えているサインです。
良い方向に導かれます！
すべてがおだやかに流れていきます！
そして、安堵の世界が訪れます！
安心していてください。

Symbolic sign 88

四葉のクローバー

あなたが興味深く、
ひとつひとつ必要なことに
動くことによって、
すべての場面が奇跡に変わります！
神は、すでにあなたのみかたです。
明るい気持ちでいてください。
すべてはうまくいっている！

Symbolic sign 89

太極図

これは、宇宙パワーの象徴!
守護のサインでもあります。

いま、神があなたを気にかけ、
そっと寄り添ってくれています!
もし、なにか落ち着かないことや、
心配なことがあるというなら、
いますぐ「大丈夫!」とつぶやいてみて!

その瞬間、
すべてが浄化され、
自分のバランスを取り戻し、
宇宙の究極のパワーが注がれます!

Symbolic sign 90

お地蔵さま

どんなに辛い境地に追いやられていたとしても、
お地蔵さまは、
決してあなたを見捨てません。
どん底から救いだしてくれます！
自分を責めてはいけません。
むやみに落ちこんではいけません。
いま、必要なことは、
「あぁ、よかった。
私は救われ、ここからよくなる！」と
先に気持ちを救うこと。
そこから、不思議なことが起こります！

Symbolic sign 91
くまのぬいぐるみ

あたたかく寄り添えるものがあるのなら、
いまは遠慮なく
そこに身も心もゆだねるといいでしょう。
しばし、誰かに甘えることも大切です。
たとえ、ひとときでも、
優しいぬくもりに包まれるだけで、
凍りついた心は溶け、すっかり癒され、
復活するのを助けてくれます。

Symbolic sign 92

箱船

これまでやってきたことの
すべてのことが報われます!

「よく、ここまで来ましたね」
「ひとりで、よく、がんばりましたね」
「あなたの涙と痛みを私はわかっています」
そんな言葉が宇宙から送られています。

あなたの行く末は、「安泰(あんたい)」です。
大いなる恩恵(おんけい)を手にし、
しばし、"安堵(あんど)の時間"を
過ごせることになるでしょう。

Symbolic sign 93

ケセランパサラン

強力な「浄化作用」が働いています！
すべての「カルマ」の終了です！
運気好転のサインです！
新たな運命が始まります。
高い次元に昇華します！
よろこびの中へ、奇跡の中へ、
ここから晴れやかな気持ちで、
進みましょう。

Symbolic sign 94

井戸

すでに井戸には
大量の水が溜めこまれています。
そこには、何不自由ないくらいの量があります。
しかし、その水をくむのは、
あなた自身でなくてはなりません。
いま、自ら動くことで、
望むものをたっぷり
手に入れることができるという
メッセージです！

Symbolic sign 95

バケツ

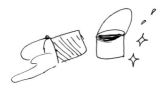

大切なことに関わる際は、
事前にチェックしておきましょう！
水をくんでも、バケツに穴があいていては、
どうしようもありません。
自分が使おうとしている智慧や手段が
ほんとうにそれでいいのか、
ぬかりなく、いろんな角度から、探ること！
もし、それを使うのが不安だというのなら、
どこかに穴が開いている証拠です。

Symbolic sign 96
クラウン

あなたのこれまでの努力によって、
あなた自身の生きざまによって、
認められるべくして認められ、
称(たた)えられるべくして称えられる、
そんな「名誉な時」の到来です！
選ばれるべくして、
素晴らしい立場に選ばれます。
贈られるべくして、
よろこばしい幸運を贈られます！

Symbolic sign 97

馬車

あなたの憧れと夢と幸運を
どっさり乗せた馬車がやってきます！
その、目の前にやってきたハッピーな人生に、
心をひらいて素直に乗り込んでください。
まもなく、その迎えの誰かが、素敵な出来事が、
現れるはずです！
楽しみに、わくわくしながら、
過ごしていてください。

Symbolic sign 98

バースデーケーキ

生まれ変わるときです！
これまでのことは脇へ置き、
今日、生まれた新鮮な気持ちを
どうか大切にしてください。
心の持ち方、ものの見方が変われば、
目の前の世界もガラッと違ってくるでしょう。
すべてのことに対して、
まったく新しい気持ちで、
まったく新しい目で、
新たな息吹をかけることにより、
ガラッと一変した良い人生が始まるのです！

Symbolic sign 99

ストップウォッチ

いまは、あせってはいけません。
慌(あわ)てる必要もありません。
せいては事をし損じるというものです。
時間ばかりを気にして
自分を追い立てないことです。
物事は、「早く」やればいいというものではなく、
「確実」にやればいいだけです。
余裕を持つことで、すべてはもっとうまくいく!

Symbolic sign 100

ハート

「内なる世界」の顕現(けんげん)を意味しています!
あなたの胸の内に秘めていたことが
まもなく叶うということです!

想いは届き、願いは叶い、
やることなすことうまくいく!
そして、
"幸せは自分の手でつかむもの"を
うれしく実感するでしょう!

Symbolic sign 101

鍵

運命の鍵は、
あなたが握っています！
「直感」にしたがってください。
自分らしさを大切にして♪
きっと、人生、思い通り☆
「いいこと」だらけになるでしょう！

Symbolic sign 102

ブタの貯金箱

地道にコツコツやってきたことが
ようやく、実ります！
精神面においても、
物質面や金銭面においても、
大きな収穫と幸運が得られるでしょう！
そして、いよいよ夢を拡大させるチャンスです！
本気で動きだしてもいい頃です。

Symbolic sign 103

風船

自分の気持ちをしっかり、確認すべきときです。
気持ちがぬけると、エネルギーがぬけ、
空高く飛んでいた風船が、
しゅるしゅると落下するかのように
しぼんでしまいます。

自分の心を満たすとき、
この現実も満たされます！

Symbolic sign 104

空き缶

「破壊」と「再生」のときです。

現状が気にいらないなら、
いったん壊すのもありです。
新たなビジョンを持ち直すたび、
この現実も、そのつど変わる!

Symbolic sign 105
こま
駒

ひととき休息をとり、
エネルギーチャージを！
忙しく動きまわるだけでは、
身がもちません。
今日は、なにもせず、ボーッと過ごしましょう。
ほんの一瞬でも、休むことで、
自分のすべてを助けてください。

Symbolic sign 106
ろくぼうせい
六芒星

宇宙が
あなたを大きくバックアップしています！
思いきり、やりたいことをやってみてください。
ここから、
あなたを助けるキーマン、いい情報、
必要な資金、素晴らしいチャンスが
これでもかというほど、
たくさん舞い込むことでしょう！

Symbolic sign 107
魔法のランプ

まさに、「心願成就」のときです!
"最大最強の守護"を受け、
幸せな奇跡に満ちた人生に突入します!
ここから得るものは、
とてつもなく大きいものばかり!
努力のすべてがみごとに実り、
大いなる恩恵を手にすることでしょう!

Symbolic sign 108

シーソー

「比重の重いほうに、傾く」というのが
この世の原理です。

あなたの心の比重はどちらにありますか？
それがわかったなら、
素直にそちらに行ってもいいでしょう。
いや、むしろ、
比重に重きを置いているほうにしか、
人は行けないもの！

Symbolic sign 109

一番星

星は、最も暗くなったときに
現れる☆
もし、いま、あなたが、
耐えられないくらい辛く、哀しく、
絶望的でいたとしても、
それも、もう、終わりです。
まもなく希望の星が現れ、
あなたのすべてを救いあげます！

Symbolic sign 110

ヘッドフォン

聞きたくもないいやなことを、
無理に聞く必要はありません。
あなたは、自分が何を聞きたいのか、
それさえも、本当は、選択できるからです。
心の声の音量を上げ、
それが放つ、素晴らしいものを
しっかり聞いてください。
心が聞き入れたとき、
それが具現化されるのです！

Symbolic sign 111

子猫

ときには、甘えることもしてみましょう。
自分自身に、頼れる人に、
愛する人に、宇宙の慈愛に！
甘えられる場所、受け入れてくれる場所があるとき、
一瞬で、人は、心丈夫になるものです。
そして、安心して、
もっと遠く、もっと高く、
輝きながら羽ばたける人になるものです。
しっかり者でいることだけが、
良いわけじゃない。

Symbolic sign 112

鈴

神恩感謝!!
神様の世界とつながります!
高貴な時間と、素晴らしい恩恵が、
あなたの頭上に降り注ぎます!
幸運招来!! 運気好転!! 富貴繁栄!!
よろこびを持って、感謝を持って、
今日、一日を過ごしましょう!

Symbolic sign 113
カエル

失った大切なものが
あなたのもとに戻ってきます！
切望していた宝物が
あなたのもとに返されます！
すべての善きものが
再び、あなたの手中に帰ってきます。
両手をひろげ、笑顔で、
それらを歓迎してください。
うれしい限りのものをめいっぱい、
受け取れることでしょう！

Symbolic sign 114

コンパクト・ミラー

あなたの心が映し出すものが
あなたの外側の世界をつくります。
ひらいたコンパクトを黙ってみつめるとき、
同時に、心の中にあるものも
その瞳の奥の魂に映し出してください。
そして、こうつぶやくのです。
「ほしいそれは、私にふさわしい」と。
すると、びっくりするような形で、
それが与えられます！

Symbolic sign 115

オレンジ

なにがあっても、
心を腐らせてはいけません。
甘いこともあれば、すっぱいこともあり、
ときには、
苦い思いをすることもあるものです。
人生、いろいろあってあたりまえ。
そう受け止めれば、
なんということはないと、
そう思えるでしょう。

Symbolic sign 116

ロケット

勢いとスピードを少し落としてください！
飛ばしすぎは、禁物です。
やりすぎも、禁物です。
自分が止まれないほどのスピードで動いたのでは、
まわりの景色が見えなくなります。
視界に入るべきものに
ちゃんと気づける程度の動き方を
してみてください。
どうか、心地良いスピードやペースを大切に！

Symbolic sign 117

ピラミッド

大いなるパワーと守護を得て、
やることなすことうまくいく時期です！
不可能なことは何もないというくらい、
ツキとチャンスに恵まれることでしょう！
この良い時期に、
あたためていたプランを実行に移しましょう。
壮大な未来へといざなわれるでしょう！

Symbolic sign 118

メロン

自分の「品格」を大切にしてください。
そんな啓示です。
そして、生まれ変わったつもりになって、
本当に、これは、
自分がやるべきミッションであると
感じるものにだけ、
本気でかかわることです。
その誇らしげなあり方が
まわりにあなたの偉大さを示すものとなるでしょう！

Symbolic sign 119

ひまわり

気持ちが明るくなるほうを、選びなさい。
興味のあるほうを、
希望のあるほうを、
よろこびがあるほうを！
正しいほうはどっちなのかと悩むのではなく、
どちらがエンジョイできるか、
それをみるのです。
そこがぬけたら、何をしても、意味がない。

Symbolic sign 120

花束

幸せな奇跡が訪れます！
必要なお金、チャンス、良い仕事、
素敵なソウルパートナーなどなど
宇宙から良きものをどんどん与えられ続けます。
その恩恵は大きく、
あなたの人生は高次なものへと飛躍します！
もはや、行く手をさえぎるものはなく、
スイスイスムーズな
円滑現象に満たされるでしょう！

Symbolic sign 121

トマト

いまはまだ、タイミングでないのかもしれません。
機が「熟す」まで待つことです。
まだ青いうちは、
誰もトマトに手を出しません。
もっと内面から熟すことで、
あなたの良さを魅せましょう。
たとえば、トマトが熟すと、それはたちまち
まわりに伝わります。
熟すと赤くなるからです。
オーラやムードが変わるからです！
そのとき、無言でいても
あなたに幸運が訪れます！

Symbolic sign 122

宝石箱

勝利するのは、あなたです！
すべての価値あるものが
あなたの手中に収まります！
誉れな気持ちでいてください。
リラックスし、ほほえんで、ゆったり横たわり、
これまでやってきた努力の数々に対して、
自分自身を称えてください。

Symbolic sign 123

隕石

自分の足元をよく見てください。
宇宙が最初からあなたに与えている
立派な尊い宝物が、
そこでキラリと光っているはず！

あなたが泣いていても、
落ち込んでうつむいていても、
ちゃんとみつけられるよう、
神様は大切なものを
いつもあなたの足元に置いてくれています。

Symbolic sign 124

つばめの巣

自分にとって大切なものには、
もっと積極的にふれること。
それを素直に愛し、育むことで、
あなたの未来が飛躍的に良くなります！
……すべての努力は報われる！

Symbolic sign 125

桃

思いもよらぬ幸運が訪れる前兆です！
でも、特別なことをする必要はありません。
いままで通り、これまで通り、
自分の道を淡々と進んでください。
その、まっとうなあり方が、
あなたにグッドタイミングで、
果報(かほう)をもたらすものだからです！

Symbolic sign 126

巾着袋

お金と豊かさに恵まれる
リッチな暗示！
あなたの中であたためていたプランは、
とてつもない価値と
パワーがあるようです！
実行するのは、いまかもしれません。

Symbolic sign 127

タクシー

自分の心ひとつで、
好きな場所に行けますし、
どんな世界にもたどり着けます！
そのためにも、
自分にはっきり、目的地を
告げてください！
すべてはそこから始まります！

Symbolic sign 128

つくし

春の訪れです♪
運気は、徐々によくなり、
明るく爽快な人生を運んでくるでしょう！
悩みや問題はすっかり解決し、
新しい運がひらけます！

ポカポカの春の陽射しをあび、
陽気に夢へとくりだしましょう♪

Symbolic sign 129

望遠鏡

遠くにあるものは、美しく見えるもの。
憧れと期待がふくらむからです。
しかし、近くにくると、
そうでもないかもしれません。
いま、あなたに必要なことは、
憧れを、現実のこととして受け止め、
それがわかったところで、
さぁ、ここからどうするかを考えること。
そこから、憧れは
リアルに、身近なものに、なっていく！

Symbolic sign 130

ものさし

人によって、
いろんな価値観があるものです。
状況によって、
その価値観が変わることもあるもの。
自分の短いものさしでのみ、
「絶対こうだ!」とは、いえないでしょう。
もっと、自分の尺度を拡大しましょう。
すると、どんな人、どんな状況とも、
もっとうまくやっていける!

Symbolic sign 131

サン・キャッチャー

気持ちが明るくなれるものなら、
何でもそばに置いてみましょう。
気持ちが明るくなるだけで、
また元気になれ、やる気になれ、
前に進みやすくなるものです。
暗くなるのはNG。
明るく、楽しく、笑っていて、
ちょうどいい♪

Symbolic sign 132

ぶらんこ

子どもの頃のような
無邪気さが大切です。
決局、思うものを叶えるのは、
大人らしい戦略ではなく、
無邪気でピュアな情熱だからです。
揺れていても、無邪気でいるとき、
後ろから、そっとサポートしてくれる人が
現れるでしょう！

Symbolic sign 133

桜

待ちに待ったものがようやく訪れ、
願いがすんなり叶うサインです！
すべてのことが
良好に、順調に運んでおり、
あなたは、もはや、
人生の春爛漫を楽しむだけでいいのです！
最高の人生が花ひらく暗示♪

Symbolic sign 134

黄金の卵

興味あること、
趣味でやっていること、
好きなことが、
あなたの運と才能を開花するサイン！
自分の中の価値あるものに
早く気づいてください。
それらをすぐに表に現してください。
ここから、
ハッピーライフが始まるでしょう！

Symbolic sign 135

幸運のご加護のもとにいます。
安心していてください♪
よけたいもの、かわしたいものは、
すんなり、どけることができます。
何も、濡れない、影響しない！
もはや、あなたは、
ふつうでいても、ラッキーです！

Symbolic sign 136

バス停

ときには、しばし、
立ち止まることも大切です。
疲れるまで
歩き続ける必要はありません。
なんなら、もっと、
楽な方法に乗ってもいいのです。
それを
みつける時間を持つときです。

Symbolic sign 137

カメラ

現状を
「心の目」でながめてみてください。
目の前の景色、
一瞬の場面にも、
尊いものがたくさんあります。
自分が出逢う人、聞いた話、
同席する出来事の中に、
大切なヒントがあるというサインです。

Symbolic sign 138

リュック

自分には荷が重いというなら、
もう、それを降ろしてください。
背負いきれないものを
いつまでも抱えている必要はありません。
すべてを手放し、身軽になりなさいという
「お告げ」です。
そのとき、もっと、楽しい世界へと
すんなり入っていけます！

Symbolic sign 139

竹

「節目」のときです。
いったん止まりましょう。
それは、道がふさがったのではなく、
次のステージへ行くための
小休止の場面なだけです。
ここらで、しっかり、
必要な休息や栄養をとり入れてください。
そして、一度、ここまでの自分をふりかえり、
初心をみつめ、
そこから新たなステージへと向かいましょう。

Symbolic sign 140

ほうき

ほこりは掃いて外へ出してください。
いらないものは捨ててください。
不要なものを
心の中や、身辺から、なくすだけで、
あなたの居場所にスペースができます。
そして、幸運は、いつも、
クリーンになった
「空きスペース」にやってくるのです！

Symbolic sign 141

ハンドバッグ

必要なものを携帯しているという
それだけで
安心して
人は外に向かっていけるもの！
「これが必要だ」と思っているものは、
日頃からそばに置いておきましょう。
その習慣があなたを「チャンス」に導きます！

Symbolic sign 142

ドレッサー

顔を
よく見てください。
どんな表情をしていますか？
瞳を
よく見つめてください。
そこに輝きはありますか？
真実の答えは、そういうところに
すでに出ているものです。

Symbolic sign 143

着物

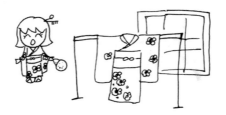

礼儀正しさ、良い言葉、情や恩を
大切にしましょう。
そういうことを大切にするとき、
あなたには強いみかたが
できたことになります。
いつもちゃんとしているあなたを、
しっかり見てくれ、
認めてくれる人が現れます。

Symbolic sign 144

ブレスレット

気になることがあるなら、
ちゃんとそれに向き合い、
必要なかかわりや
すべき行動をどうぞ！
そうすることで、きっと、
あなた自身、一番、安堵(あんど)するでしょう。
気になることが、呼んでいるときは、
まさにそれをするグッドタイミング！

Symbolic sign 145

エレベーター

自分の立てた細かい計画によって
一段一段昇っていくのもいいですが、
それでは時間がかかりすぎるでしょう。
というのも、無駄なことがそこに
ぎっしり入りすぎているからです。
そんなものより、いっそ、
気分にまかせてやりたいことから、
パッとやったほうが、
スイスイスムーズに昇れるもの！
ひとっとびに行ける時期です♪

Symbolic sign 146
マイク

心の声を本気で聞くのは、いまです！
声を大にして言ってください。
いったい
何をほしがっているのか、
何を叶えたがっているのか、
どうなりたがっているのかを！
そう、もちろん、自分自身に。

Symbolic sign 147

塔

夢があるなら、自発的に心を高め、
そこに向かって昇りましょう。
頂点をめざすなら、それもいいでしょう！
あなたには、やれます♪
頂点に昇った人しか、つかめない宝物と感動が
そこにはあります。
それが、あなたをいっそう
輝かせることでしょう！

Symbolic sign 148

ゲート

門は開いています！
あなたのための席が用意されています！
そして、
あなたを待ち構えている
新たな人たちや素晴らしい世界があります！
あなたにとっての「新世紀」創造のときです！
おもいきり、楽しみながら、
前に進んでください。

Symbolic sign 149

組み紐

じっくり時間をかけるときです。
あせってはいけません。
根気よくやりましょう。
その努力は、必ず実を結びますので、
運命を信じてください。
やったことは、やったこととして、
あなたが思うより立派で美しい形に
なることでしょう！

Symbolic sign 150

パワーストーン

あれもこれもと
目映りし、浮気心を出すのは、NG!
目の前にある
大切なものを決して忘れないように。
結局、それが、あなたのすべてを
守るものとなるでしょう。

Symbolic sign Special

階段

天から「光の階段」が降りてきました！
あなたを引き上げるべく、
天が、急ピッチで、
すべてのことを整えてくれるでしょう！

ここから、人生が、
一気に高次元へと引き上げられるサイン！

あなたの高い意識と波動が、
すべてを可能にしたのです！

志とミッションを新たにし、
よろこびながらも、気持ちを引き締め、
自分の道を貫くといいでしょう！

感謝をこめた「あとがき」

奇跡はシンボリックサインを通してやってくる!

…なにげない日常も、実は神秘のかたまり♪…

最近777のナンバーの車をよくみかけるとか、
やたらと黄色い蝶々が自分についてくるとか、
なぜか家の近所や行く先々の道で黄金虫を見るとか、
そんなことは、ありませんか?
何度も何度も目の前に現れる同じ象徴や現象は
ほとんどが、"幸運の前兆"のサインです!
もし、そんなことが日常にあまりないという人は、
本書をひらくだけでいいのです♪
その「シンボリック・サイン」に出逢うだけで、
まさに! 同じ作用が働きます。
なにかあるたび、本書をご活用いただければ幸いです。

ミラクルハッピー　佳川奈未

● 佳川奈未　公式HP　http://miracle-happy.com/
●「ミラクルハッピー」は、株式会社クリエイティブエージェンシーの登録商標です。

318

著者紹介

佳川 奈未　作家。作詞家。神戸生まれ。株式会社
クリエイティブエージェンシー会長。ホリスティッ
クライフビジョンカレッジ主宰。世代を超えた多く
の女性たちから圧倒的な人気と支持を得ているベス
トセラー作家。生き方・願望実現・夢・お金・恋
愛・成功・幸運をテーマにした著書は約150冊。海
外でも多数翻訳されている。精神世界にも精通。ス
ピリチュアルな世界を実生活に役立つ形で展開。潜
在意識や願望実現等の講座やセミナーは、海外から
の受講生も多い。レイキヒーラー、エネルギーワー
カーとして定期的に開催の「メンタルブロック解消」
「チャネリング」「レイキ」の個人セッションには、
医師やカウンセラー、芸能人や著名人も訪れる。

宇宙から「答え」をもらうシンボリック占い

2019年2月5日　第1刷

著　　者	佳　川　奈　未	
発行者	小　澤　源太郎	

責任編集	株式会社 プライム涌光	
	電話　編集部　03(3203)2850	

発　行　所	株式会社 青春出版社	

東京都新宿区若松町12番1号 ☎162-0056
振替番号　00190-7-98602
電話　営業部　03(3207)1916

印　刷　共同印刷　　製　本　大口製本

万一、落丁、乱丁がありました節は、お取りかえします。
ISBN978-4-413-11283-3 C0095
© Nami Yoshikawa 2019 Printed in Japan

本書の内容の一部あるいは全部を無断で複写(コピー)することは
著作権法上認められている場合を除き、禁じられています。

✶ ✶ ミラクルハッピー☆ 佳川奈未の好評既刊 ✶ ✶

「いいこと」ばかりが起こりだす **スピリチュアル・ゾーン**	ISBN978-4-413-03993-2 本体1,400円
約束された運命が動きだす **スピリチュアル・ミッション**	ISBN978-4-413-23006-3 本体1,400円
大自然に習う古くて新しい生き方 **人生の教訓**	ISBN978-4-413-23026-1 本体1,400円
ほとんど翌日、願いが叶う! **シフトの法則**	ISBN978-4-413-23043-8 本体1,380円
恋愛・お金・成功…願いが叶う☆魔法のごはん **ほとんど毎日、運がよくなる! 勝負メシ**	ISBN978-4-413-23060-5 本体1,380円
すべてを手に入れる最強の惹き寄せ **「パワーハウス」の法則**	ISBN978-4-413-2104-6 本体1,460円

お願い
ページわりの関係からここでは一部の既刊本しか掲載してありません。折り込みの出版案内もご参考にご覧ください。

※上記は本体価格です。(消費税が別途加算されます)
※書名コード (ISBN) は、書店へのご注文にご利用ください。書店にない場合、電話またはFax(書名・冊数・氏名・住所・電話番号を明記)でもご注文いただけます(代金引換宅急便)。商品到着時に定価+手数料をお支払いください。〔直販係 電話03-3203-5121 Fax03-3207-0982〕
※青春出版社のホームページでも、オンラインで書籍をお買い求めいただけます。ぜひご利用ください。〔http://www.seishun.co.jp/〕